BEI GRIN MACHT SICH IHR WISSEN BEZAHLT

- Wir veröffentlichen Ihre Hausarbeit,
  Bachelor- und Masterarbeit

- Ihr eigenes eBook und Buch -
  weltweit in allen wichtigen Shops

- Verdienen Sie an jedem Verkauf

Jetzt bei www.GRIN.com hochladen
und kostenlos publizieren

Dana Stepanek

Kurzbeschreibung SAPscript

GRIN Verlag

Bibliografische Information der Deutschen Nationalbibliothek:

Die Deutsche Bibliothek verzeichnet diese Publikation in der Deutschen National-
bibliografie; detaillierte bibliografische Daten sind im Internet über http://dnb.d-
nb.de/ abrufbar.

Impressum:

Copyright © 2004 GRIN Verlag GmbH
Druck und Bindung: Books on Demand GmbH, Norderstedt Germany
ISBN: 978-3-656-00747-0

Dieses Buch bei GRIN:

http://www.grin.com/de/e-book/178101/kurzbeschreibung-sapscript

GRIN - Your knowledge has value

Der GRIN Verlag publiziert seit 1998 wissenschaftliche Arbeiten von Studenten, Hochschullehrern und anderen Akademikern als eBook und gedrucktes Buch. Die Verlagswebsite www.grin.com ist die ideale Plattform zur Veröffentlichung von Hausarbeiten, Abschlussarbeiten, wissenschaftlichen Aufsätzen, Dissertationen und Fachbüchern.

Besuchen Sie uns im Internet:

http://www.grin.com/

http://www.facebook.com/grincom

http://www.twitter.com/grin_com

Kurzbeschreibung

SAPscript®

Präsentation vom 11. Juli 2001

von Dana Stepanek

Beispiel Formular

1. Erstellen einer Kopie des Standardformulars

2. Einbinden einer Grafik

3. Einfügen und Löschen von Ausgabefenstern/Seiten

4. Definieren der Start/Folgeseiten

5. Definieren von Zeichen- und Absatzformaten

6. Einbinden von Standardtexten

7. Einbinden von Symbolen

8. Prüfen des Formulars

9. Sichern und Aktivieren des Formulars

10. Ausgabe im System

Eine Kurzbeschreibung zur Arbeit mit *SAPscript ®*

In diesem Handout soll eine Kurzbeschreibung zur Arbeit mit *SAPscript ®* dargestellt werden. Dabei wird auf spezielle Fehlerquellen und Problemstellungen bei der Arbeit mit *SAPscript ®* eingegangen.

Beispielhaft soll ein Standardformular mit Grafik und Symbolen angepasst werden. Da SAP® auch in *SAPscript ®* umfangreiche Einstellungen und Bearbeitungen zulässt, kann dies zu weiteren Problemstellungen führen.

Generell kann daher gesagt werden, es sind nur die Änderungen an Standardformularen empfehlenswert, die unbedingt getätigt werden müssen. Dies bezieht sich vor allem auf die Textformatierungen.

Als Beispiel soll ein Formular erstellt bzw. angepasst werden mit dem T-Systems Logo und einzelne zusätzlichen Informationen (Symbolen) hinzugefügt werden.

Was ist zu beachten?

Speicherungen sind sehr wichtig in *SAPscript ®*. Entsprechen die vorgenommenen Einstellungen den gewünschten, ist ein sofortiges Sichern unerlässlich.

Falsche Formatierungen können wieder rückgängig gemacht werden, in dem der *FormPainter ®* ohne sichern verlassen wird. Eine Übernahme von Textänderungen aus dem *PC Editor ®/Texteditor ®* in den *FormPainter ®* kann nicht verhindert werden.

SAP® gibt des weiteren keine eindeutigen Hinweise auf Fehlerquellen oder dessen Beseitigung. Daher müssen Sie den umständlichen Weg nehmen, und jede Änderung über den Testdruck prüfen. Problematisch ist jedoch, dass keine Aufbereitung erfolgt, wenn Fehler im Formular vorhanden sind. Das System kann sogar die gesamte Anwendung abbrechen, so dass alle Änderungen, die nicht gesichert wurden, im Formular wieder eingestellt werden müssen.

Achten Sie immer darauf, ob SAP® besondere Attribute in der Textformatierung vorgenommen hat, z.B. Tabulatoren. Diese sind nicht im *PC Editor ®* erkennbar, können aber entscheidenden Einfluss auf die Aufbereitung des Textes haben.

1. Erstellen einer Kopie eines Standardformulars

Wenn Sie ein Formular anpassen möchten, empfiehlt SAP® eine Kopie des Standardformulars zu verwenden.

Um wirklich alle Einstellungen des Original-Formulars zu behalten, müssen Sie eine Mandantenkopie erstellen. Da der 000 Mandant der Entwicklungsmandant von SAP® ist, können Sie die Formulare unbedenklich aus diesem Mandant kopieren, da hier von SAP® sicher gestellt ist, dass keine Änderungen am Original vorliegen können.

Diese Kopie können sie über den **Transaktionscode** des *FormPainters* ® **SE71** erstellen.

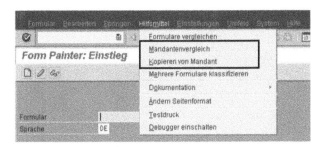

Sie können auch einen Mandantenvergleich zwischen dem 000 Mandant und ihrem aktuellen Mandanten erstellen, um festzustellen inwiefern die Formulare voneinander abweichen.
Sie können bei der Mandantenkopie den neuen Namen des Formulars festlegen, müssen aber die Namenskonventionen von SAP® beachten.

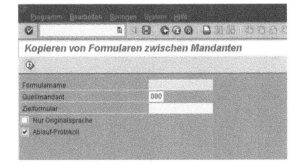

Beispiel: Erstellung eines Formulars

Das Originalformular des Bescheinigungswesens HR_DE_D3_MELDUNG soll angepasst werden. Das Zielformular ist frei definierbar, bis auf die Namenskonvention (1. Buchstabe Z oder Y).

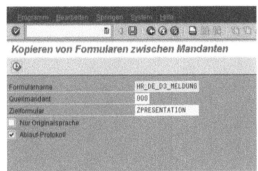

Nach der Bestätigung des Systems, können Sie nun die Kopie im *FormPainter* ® öffnen.

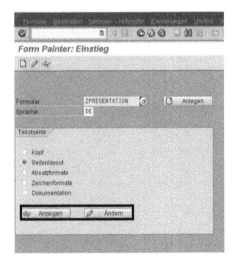

6

2. Einfügen einer Grafik

Um eine Grafik einzufügen, muss diese zuerst auf den jeweiligen Server geladen werden.

Über den **Transaktionscode SE78**
gelangen Sie in die Grafikverwaltung.

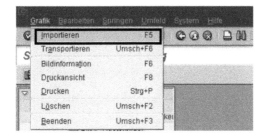

Wählen Sie Importieren und geben Sie den Pfad zur Grafik an. SAP® akzeptiert zur Zeit nur
.TIFF und .BMP Formate.

Bevor Sie die Grafik auf den Server laden, muss die Grafik schon in Größe und DPI der
späteren Ausgabe entsprechen. Sie können zwar die DPI Angabe verändern, eine Anpassung
im *FormPainter®* ist später aber nicht mehr möglich.

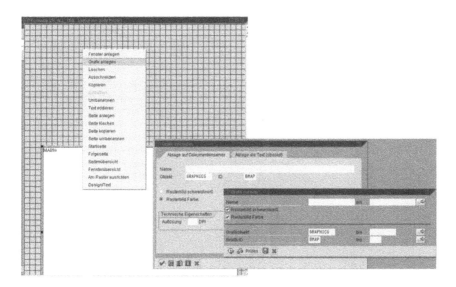

Bitte beachten Sie, dass die Suchkriterien sich auf schwarz/farb Grafiken beziehen. Wenn Sie sich nicht sicher sind, dann wählen Sie beide Optionen.

Die Grafik wird im Designfenster blauhinterlegt angezeigt.

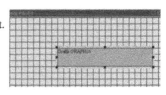

Zu diesem Zeitpunkt, kann die Grafik nicht mehr angepasst werden.

Beispiel: **Einbinden des T-Systems-Logos:**

Einbinden einer T-System Grafik in das Formular.

Im *FormPainter®* legen Sie die Grafik mit Hilfe des Kontextmenüs an.

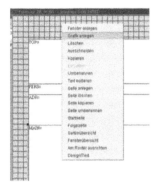

Suchen Sie auf dem Dokumentenserver das Logo T-Systems.

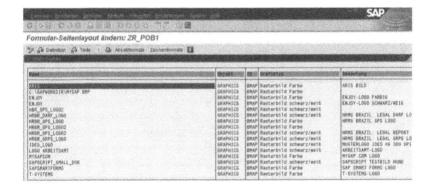

3. Einbinden und Löschen von Ausgabefenster/Seiten

Um neue Seiten oder Fenster anzulegen, können Sie das Kontextmenü benutzen.

Die Fenster/Seiten werden standardmäßig mit

Window(X)
Page(x)

bezeichnet.

Über den Menüeintrag *Umbenennen* kann der Name neu definiert werden.

Die neuen Fenster werden im oberen linken Fensterbereich eingefügt. Sie können dann mit Hilfe von „*Drag&Drop*" in Größe und Platz angepasst werden.

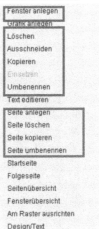

Beispiel: Einbinden eines neuen Fensters namens „Fenster"

Auf der neu erstellten Seite „Test" soll jetzt ein neues Ausgabefenster mit der Bezeichnung „Fenster" angelegt werden.

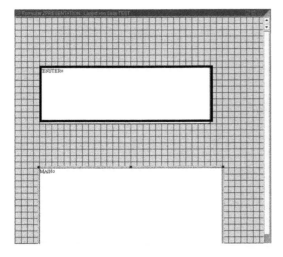

Neue Ausgabefenster werden standardmäßig in der linken oberen Ecke des Formulars eingefügt und mit Window(X) bezeichnet.

Wenn mehrere Fenster angelegt werden, liegen diese Fenster übereinander.

Die Fenster können dann per *Drag&Drop* auf dem Formular im Design Fenster in Größe und Lage angepaßt werden.

Im Design Fenster werden alle Fenster mit ihrem Namen definiert.

Wählen Sie aus dem
Kontextmenü Fenster anlegen.

Ein neues Fenster „Window1"
wird im Design Fenster
eingefügt.
Über das Verwaltungsdynpro
kann das Fenster umbenannt
werden.

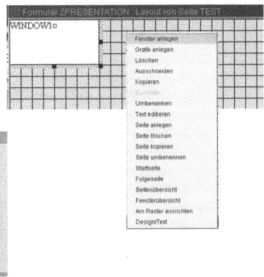

Über die Drucktaste Umbenennen kann ein neuer Name zugewiesen werden.

Beispiel: hinzufügen einer neuen Seite

Dem Formular soll eine weitere Seite Namens „Test" hinzugefügt werden.

Über diese Drucktaste können
Sie eine neue Seite erstellen

Danach können sie über diese
Drucktaste, der Seite einen neuen
Namen zuweisen.

4. Folgeseitendefinition

Um neue Fenster/Seiten anzulegen, können Sie das Kontextmenü oder die Menüleiste benutzen.

Achten Sie unbedingt bei Fenstern des Typs MAIN darauf, das die Folgeseitendefinition korrekt deklariert ist. Die Ausgabe würde sonst auf der Folgeseite abgebrochen.

Sie müssen jeweils von der Startseite die jeweilige Folgeseite definieren.

Unterbrechungen, bzw. falsche Definitionen, werden in den Seitenfolgen durch Trennstriche zwischen den Seiten dargestellt.

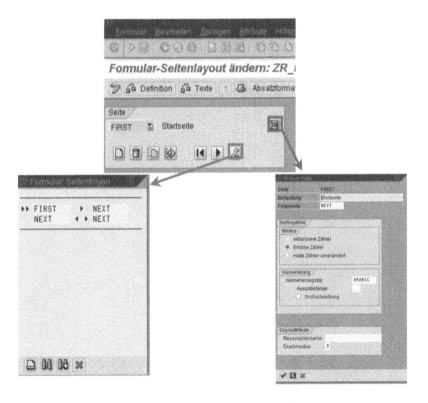

Beispiel: der Folgeseitendefinition

Die neue Seite „Test" soll Folgeseite der Seite „Next" werden.

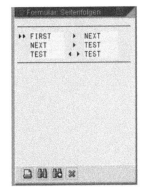

Ausgangssituation   Ziel

5. Absatz- und Zeichenformate Formatierungen

Können grundsätzlich nur im *FormPainter®* definiert werden. Dies bedeutet, dass Sie im *Texteditor®/PC Editor®* nur vordefinierte Zeichen- und Absatzformate zuweisen können. Sollten Sie neue Formate benötigen, müssen Sie dazu immer den *Texteditor®/PC Editor®* verlassen.

Die Zuweisungen erfolgen über das Listenfeld Absatz – oder Zeichenformate. Sie können auch über die Drucktaste Combobox in eine andere Ansicht wechseln.

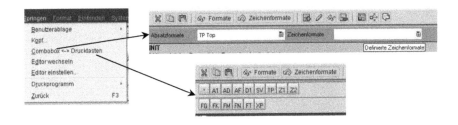

Sie können jedem Textelement ein Absatz- oder Zeichenformat zuweisen.

13

Das setzten von Tabulatoren ist nur in den Absatzformaten möglich. Weisen Sie kein Absatzformat zu, so wird vom System der Defaultabsatz benutzt. Dieser ist in den Grundeinstellungen des Formularkopfes ebenfalls anpassbar. Beachten Sie, dass der Default Absatz nur ein vorhandenen Absatz werden kann.

Beispiel: Anlegen eines neuen Zeichen- und Absatzformatsformats

Es soll ein Absatzformat mit dem Namen T1 (für Test) und ein Zeichenformat (T1) angelegt werden.

Absatzformat:

Mit folgenden Komponenten:

- Abstand linker Rand 2cm.
- 1.Zeile einen Einzug von 2 cm.
- 2 Tabulatoren: mit 6 cm und einer Ausrichtung nach links & 9 cm und rechtsbündig
- Schriftart- und Größe Helve 12, kursiv

Zeichenformat:

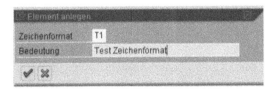

- mit geschütztem Zeichenformat
- Schriftart- und Größe Times 20, fett

Danach können Sie die Zeichen- und Absatzformate den Textelementen im *PC Editor®* zuweisen.

Um jetzt das Formular anpassen zu können, müssen Sie je nach Art in den *FormPainter®* oder in den *Texteditor®/PC Editor®* wechseln.

Grafische Anpassungen:

Alle Layoutanpassungen und Einstellungen werden im *FormPainter®* vorgenommen. Dies betrifft alle Elemente (Fenster, Seiten, Grafiken).

SAP® bietet hier zwei Optionen der Anpassungen.

➤ Drag& Drop
➤ numerische Anpassungen.

Vorteilhaft ist in jedem Fall die grafische Anpassung, da hier über das Design Fenster eine Vorschau der späteren Ausgabe erfolgt. Diese Option ist im alphanumerischen *FormPainter®* nicht vorhanden.

Texteditor:

Hier sind Textformatierungen möglich, diese erstrecken sich auf Absätze oder Zeichenformate.

SAP® definiert dabei Absätze als zusammengehörende Textelemente, mit gleichen Formateinstellungen. Zeichenformate können sich dagegen auf einzelne Textelemente beziehen, die aber auch Absatzformatierungen aufweisen. Beispielsweise bestimmte Hervorhebungen oder Überschriften. Sie können dabei auch bestimmte Ausgabesteuerungen vornehmen.

Eine Gefahrenquelle stellt dabei die Vererbung dar, die zu ungewollten Formaten führen kann.

Um Tabulatoren zu setzen, ist in beiden Editoren eine numerische Angabe erforderlich. Problematisch ist dabei, dass in der Editor Ansicht kein Hinweis auf die Tabulatorensetzung möglich ist.

6. Das Einbinden von Texten (Standardtexten)

Textelemente können Sie wie gewohnt direkt eingeben oder vorhandene Standardtexte Include einbinden.

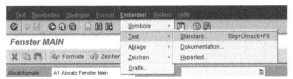

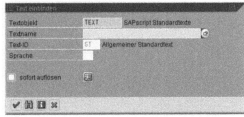

Beachten müssen Sie hier lediglich, das die Texte korrekt im System abgelegt sind und zum Zeitpunkt der Aufbereitung nicht verändert wurden.

Beispiel: **Einbinden des Standardtextes Präsentation**

Binden Sie im *PC Editor®* den Standardtext „Präsentation" ein.

Hier rufen Sie das Menü für die Texteinbindung auf.

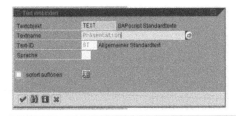

16

Geben Sie den korrekten Namen für den Standardtext an oder lassen Sie sich über die Suchmaske alle vorhandenen abgelegten Texte anzeigen.

NCLUDE PRÄSENTATION OBJECT TEXT ID ST

Diese Include Anweisung weißt im *PC Editor®* auf den erfolgreich eingebundenen Text hin.

Sie können Sich den Text über die Druckvorschau anzeigen lassen.

Stil Zuweisungen

Sie haben die Möglichkeit auch Formularen Stile zu zuweisen. Diese Stile sind hinterlegte Zeichen- und Absatzformate im System. Problematisch ist hier, dass nicht unbedingt im Vorfeld bekannt ist, welche Absätze deklariert wurden und in wieweit Vererbungen in den Formatierungen berücksichtigt wurden.

Ich empfehle daher, nicht unbedingt mit Stilen zu arbeiten, sondern die fehlenden Absatz- und Zeichenformate manuell im System nachzutragen, da vorhanden Formatierungen durch eine Stilzuweisungen verloren gehen können.

7. Das Einbinden von Symbolen

Für das Einbinden von Symbolen, gelten folgende Konventionen:

das Symbol muss im DATA-Dictionary deklariert sein

das Symbol muss als Symbol &symbol& im Editor eingefügt werden

das rufende Druckprogramm muss das entsprechende Symbol als Tabellen Variable oder Feld definiert haben (gilt für Programmsymbole).

Beispiel: Einbinden eines selbst erstellten Textsymbols, eines Standardsymbols und eines Programmsymbols

Textsymbols mit dem Wert Präsentation

Erstellen eines eigenen Textsymbols

Wählen Sie Zusatzinformationen

Für die Definition des Textsymbols müssen Sie die Kommandozeile wählen.

Im *PC Editor®* wird folgende Zeile hinzugefügt.

DEFINE &SYMBOL&= 'Präsentation'

Jetzt können Sie das Textsymbol einbinden in den Text.

Wechseln Sie an eine beliebige Stelle, in der das Symbol eingefügt werden soll, schreiben Sie dann z.B. *Herzlich Willkommen zur*. Fügen Sie anschließend das Symbol ein.

Wählen Sie dazu aus der Menüleiste

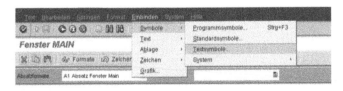

Ist das Symbol korrekt vom System erkannt worden, können Sie es aus der Liste auswählen.

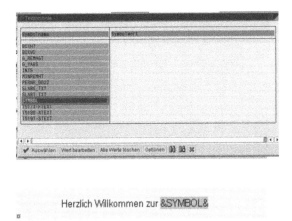

Jetzt können Sie eine Überprüfung mit Hilfe des Testdrucks vornehmen.

> Herzlich Willkommen zur Präsentation

Einbinden: eines Standardsymbols mit dem Wert „Mit freundlichen Grüßen"

Hier müssen keine Definitionen vornehmen, sondern können das Symbol direkt einbinden.

Wechseln Sie wieder an eine beliebige Stelle im Formular, tragen Sie z.B. folgenden Text ein *das nächste Seminar findet am ....*

Wählen Sie jetzt aus der Menüleiste

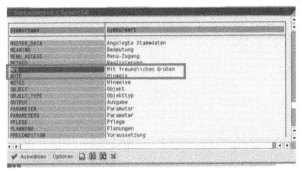

Wählen Sie aus der Liste den Symbolwert „Mit freundlichen Grüßen" aus.

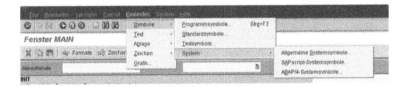

Sie können jetzt die Symbolaufbereitung wieder über den Testdruck prüfen.

Einbinden: von Systemsymbolen

Hier haben Sie die Wahl aus den:

➢ allg. Systemsymbolen
➢ SAPscript® Systemsymbole
➢ ABAP/4-Systemsymbole.

20

Wählen Sie hier z.B. die Allg. Systemsymbole um das aktuelle Datum einzubinden.

Wählen Sie wieder eine beliebige Stelle im Dokument und binden Sie das Symbol mit dem Wert Aktuelles Tagesdatum ein.

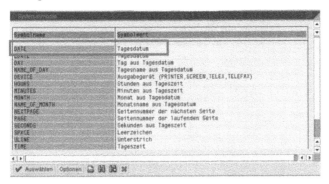

Im PC Editor® wird das Symbol eingefügt.

Sie können die korrekte Aufbereitung wieder über den Testdruck prüfen.

XX. XXXX XXXX

Das Datum wird erst zum Zeitpunkt der Ausgabe aufbereitet, jetzt werden die Symbolwerte durch ein x ersetzt.

Einbinden: von Programmsymbolen

Diese Symbole sind immer abhängig vom Druckprogramm. Es können somit auch nur Symbole eingebunden werden, die im Druckprogramm definiert sind.

Sie können jeweils nur Tabellefelder einbinden. Diese Felder sind Bestandteile definierter Tabellen. Beide Elemente müssen im *DATA-Dictionary®* definiert sein, um eine korrekte Ausgabe zu gewährleisten. In den meisten Fällen sind in den Formularen bereits Druckprogramme deklariert. Finden Sie in den Programmsymbolen kein Druckprogramm, könnte der Grund eine fehlerhafte Kopie des Standardformulars sein. Ihre Anpassungen würden dann auch nicht korrekt ausgegeben werden. Daher empfehle ich Ihnen, immer eine Mandantenkopie aus dem 000 Mandanten zu tätigen, da Sie hier die unveränderten Original Entwicklungsformulare kopieren können. Sie können sich dann auch sicher sein, wenn kein Druckprogramm definiert ist, das zu diesem Formular Sie auch kein spezielles

---

Druckprogramm benötigen. Vorhandene Druckprogramme werden bei eine Mandantenkopie immer mitkopiert.

Einbinden: eines Programmsymbols mit dem Wert „Geburtsdatum"

Wählen sie aus der Menüleiste

um das Symbol mit dem Wert Geburtsdatum

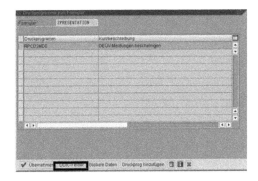

Die einzubindenden Symbole müssen im Druckprogramm und im *DATA-Dictionary®* definiert sein, damit es zu keine Ausgabekonflikten kommt. Somit können auch nur Symbole eingebunden werden, die im Rahmen der jeweiligen Anwendung des Formulars auch aufbereitet werden. Sie können auch nachträglich Druckprogramme einbinden. Diese müssen aber im Funktionsbaustein (*ABAP®*) definiert werden. Die Anwendung bzw. der Report muss das jeweilige Druckprogramm aufrufen und aufbereiten.

Die globalen Daten stellen hier eine Ausnahme dar, da Sie Symbolwerte enthalten, die generell aufbereitet werden. Diese Datendefinitionen müssen nicht gesondert in der Anwendung aufbereitet werden.

Das Geburtsdatum wird in der Tabelle PA002 im Tabellen Feld GBDAT aufbereitet. Das zugehörige Symbol &PA002-GBDAT&.

Wenn Sie die korrekte Bezeichnung des Symbols schon kennen, können Sie das Symbol auch einfach über die Zusatzinformationen in der Symbolzeile eintragen und in das Formular einbinden.

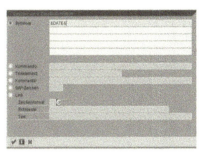

8. Prüfen des Formulars

Bevor das Formular aktiviert werden kann, oder Sie z.B. Symboldefinitionen überprüfen möchten, können Sie das Formular prüfen.

Im *PC Editor®*

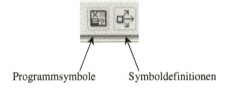

       Programmsymbole   Symboldefinitionen

Im FormPainter®

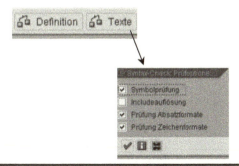

24

Im *FormPainter®* kann eine weitaus umfassendere Überprüfung des Formulars erfolgen, als im *PC Editor®*. Bei der Textprüfung können Sie noch entscheiden, ob die Symbole, Include (Standardtexteinbindung), Absatz- und Zeichenformate geprüft werden sollen.

Sie erhalten vom System eine Rückmeldung ob das Formular fehlerhaft oder nicht.

Problematisch ist jedoch, das bei einer Fehlermeldung nicht auf die Fehlerquelle hingewiesen wird.

9. Sichern und Aktivieren des Formulars

Nachdem das Formular überprüft wurde können Sie sich das Formular über Testdruck als Vorschau ansehen.

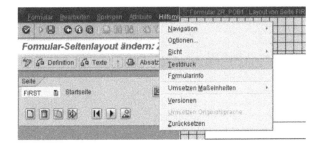

Problematisch ist hier nur, das keine Aufbereitung der Symbole erfolgt, sondern diese durch x dargestellt werden.

Die Prüfung der Symbolwerte ist ebenfalls nicht hinreichend dafür, ob später im Formular die gewünschten Variablen ausgegeben werden. Das System prüft lediglich, ob diese Symbolwerte im System definiert und ggf. im Druckprogramm definiert sind.

Um die Änderungen wirksam werden zu lassen, müssen Sie das Formular aktivieren. Hier wird standardmäßig wieder eine Prüfung des Formulars vom System durchgeführt. Erst bei fehlerfreier Prüfroutine wird das Formular aktiviert.

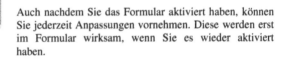

Nachdem Sie das Formular aktiviert haben, können Sie jetzt das Formular aus der spezifischen Anwendung heraus für die Druckaufbereitung anwenden.

Problematisch ist hier jedoch, dass nicht immer eine Möglichkeit besteht, das Formular direkt als Ausgabemedium zu definieren. Hier müssen über das Customizing erst das neue Formular in die Anwendung einbinden.

Auch nachdem Sie das Formular aktiviert haben, können Sie jederzeit Anpassungen vornehmen. Diese werden erst im Formular wirksam, wenn Sie es wieder aktiviert haben.

Wenn Sie Änderungen nicht übernehmen wollen, dürfen Sie das Formular nicht sichern. Eine Rückschrittsbearbeitungstaste gibt es im SAP® System nicht. Sie müssen dann das zuletzt gesicherte Formular wieder aufrufen.

10. Ausgabe im System

Das Formular kann nun direkt in der jeweiligen Anwendung eingebunden werden. Da das Formular mit dem zugewiesenen Druckprogramm verbunden ist, sind Ausgabeversuche in anderen Anwendungen nicht erfolgreich, da keine Variablen aufbereitet werden können und das System mit Fehlermeldungen reagiert.

In einigen Anwendungsbereichen, können Sie das Formular auch nur über das Customizing einbinden. Hier gibt gegebenenfalls Wizards, die Ihnen die Einbindung erleichtern. Generell wird dies dann in der Online-Hilfe beschrieben.

Da bevor das Formular aktiviert werden kann, eine Prüfung des Formulars erfolgt, dürfte in der späteren Ausgabe kaum Variablen Definitionsprobleme auftauchen. Möchten Sie die Ausgabe der Variablen ändern, ist dies jederzeit möglich, diese Änderungen werden aber erst nach erfolgreicher Aktivierung wirksam.

www.ingramcontent.com/pod-product-compliance
Lightning Source LLC
La Vergne TN
LVHW042125070326
832902LV00036B/1067